자녀의 삶을 거룩하게 세우는
어머니의 길

요타
JORDAN PRESS

나는 어머니의 기도를 기억한다.
그 기도는 항상 나를 따라 다녔고
평생 나와 함께 했다.

- 아브라함 링컨 -

I remember my mother s'prayers and they have always followed me.
They have clung to me all my life. _ Abraham Lincoln

자녀의 성품을 위한 어머니의 기도

- 1일 자녀의 회개를 위해
- 2일 자녀의 구원을 위해
- 3일 자녀의 겸손을 위해
- 4일 하나님과의 사랑을 위해
- 5일 자녀의 의로운 삶을 위해
- 6일 자녀의 죄로부터 자유를 위해
- 7일 주의 그늘아래 사는 자녀의 삶을 위해
- 8일 자녀의 소망을 위해
- 9일 자녀의 순종을 위해
- 10일 주를 신뢰하는 삶을 위해
- 11일 자녀의 만족된 삶을 위해
- 12일 자녀의 열매 맺는 삶을 위해
- 13일 자녀의 영생을 위해
- 14일 자녀의 온유함을 위해
- 15일 자녀의 용기를 위해
- 16일 자녀의 용서를 위해
- 17일 자녀의 위로를 위해
- 18일 자녀의 의를 위해
- 19일 자녀의 의식주를 위해
- 20일 자녀의 자기부인을 위해
- 21일 자녀의 자녀다움를 위해
- 22일 자녀의 성결을 위해
- 23일 자녀의 새 사람 됨을 위해
- 24일 자녀의 지도력을 위해
- 25일 자녀의 삶을 개척하는 용기를 위해
- 26일 자녀의 기도생활을 위해
- 27일 공부에 시달리는 자녀를 위해
- 28일 병든 자녀를 위해
- 29일 자녀의 성공을 위해
- 30일 자녀의 청지기 삶을 위해
- 31일 부모의 할 일을 위해

Part 1

자녀의 영적 생활을 위한 *어머니의 기도*

- 1일 자녀의 순결함을 위해
- 2일 자녀의 겸손과 겸비를 위해
- 3일 자녀의 관용을 위해
- 4일 자녀의 근신함을 위해
- 5일 자녀의 기도 생활을 위해
- 6일 자녀의 회복을 위해
- 7일 자녀의 노력을 위해
- 8일 자녀의 능력을 위해
- 9일 자녀의 단정함을 위해
- 10일 자녀의 믿음을 위해
- 11일 자녀의 범사를 위해
- 12일 자녀의 하나님과 친구 관계를 위해
- 13일 자녀의 본성을 위해
- 14일 자녀의 부유함을 위해
- 15일 자녀의 생기 있는 삶을 위해
- 16일 자녀의 선한 행위를 위해
- 17일 자녀의 선택을 위해
- 18일 자녀의 섬김을 위해
- 19일 자녀의 성취를 위해
- 20일 자녀의 성품을 위해
- 21일 자녀의 소망을 위해
- 22일 자녀의 지혜를 위해
- 23일 자녀의 승리를 위해
- 24일 자녀의 시간을 위해
- 25일 자녀의 성령의 감동하심을 위해
- 26일 자녀의 형상을 위해
- 27일 자녀의 기쁨을 위해
- 28일 자녀의 헌신을 위해
- 29일 자녀의 탁월함을 위해
- 30일 자녀의 은총을 위해
- 31일 자녀의 일평생을 위해

Part 2

자녀의 형통을 위한 어머니의 기도

- 1일 하나님을 깊이 체험하는 자녀
- 2일 하나님을 깊이 아는 자녀
- 3일 만유의 근원을 아는 자녀
- 4일 하나님의 성을 바라보는 자녀
- 5일 나쁜 것뿐만 아니라 좋은 것도 버릴 수 있는 자녀
- 6일 상을 좇는 자녀
- 7일 가장 고상한 것을 추구하는 자녀
- 8일 하나님을 중심에 둔 자녀
- 9일 낮아지는 자녀
- 10일 겸손한 자녀
- 11일 하나님을 존중하는 자녀
- 12일 하나님을 높이는 자녀
- 13일 하나님의 날을 따라 사는 자녀
- 14일 거룩하고 흠 없는 자녀
- 15일 생명적 관계를 맺는 자녀
- 16일 하나님을 사랑하는 자녀
- 17일 하나님을 크게 보는 자녀
- 18일 하나님의 원칙에 충실한 자녀
- 19일 단순한 삶을 사는 자녀
- 20일 모든 삶을 존중하는 자녀
- 21일 성령의 불을 가진 자녀
- 22일 말씀에 잠긴 자녀
- 23일 경쟁하지 않고 연합하는 자녀
- 24일 형제애를 존중하는 자녀
- 25일 진리를 위해 싸우는 자녀
- 26일 하나님의 임재를 믿는 자녀
- 27일 용서를 구하는 자녀
- 28일 신앙의 집을 짓는 자녀
- 29일 완전한 데 나아가는 자녀
- 30일 기도하는 자녀
- 31일 시온의 대로가 있는 자녀

Part 3

Part 1

자녀의 성품을 위한

어머니의 기도

1일 자녀의 회개를 위해

> 알지 못하던 시대에는 하나님이 간과하셨거니와
> 이제는 어디든지 사람에게 다 명하사 회개하라 하셨으니 ● 행 17:30

하나님 아버지
우리에게

생명 얻는 회개를 허락해 주심에
감사합니다.
우리 자녀가
심히 무거운 죄악 중에 눌려있을 때
회개할 수 있게 인도해 주소서.

믿음 없고 타락하여
불속에 몸을 던지고 물속에 뛰어들지라도
주님 자비를 베풀어 주옵소서.
언제나 함께 하여 주시고
오래 참아 주시고 온유로 이끌어 주시어
회개하게 해 주옵소서.

그리하여 죄 사함 받은 은혜로
사람됨이 충직하고
많은 사람들보다 하나님을 더 경외하는
사람으로 살게 하소서.

예수님의 이름으로 기도합니다. 아멘

2일 자녀의 구원을 위해

그는 허물과 죄로 죽었던 너희를 살리셨도다 . 엡 2:1

하나님 아버지

허물과 죄로 죽었던
우리를 살려주시니
감사합니다.

주께서 우리의 자녀와
함께 행하여 주시고
천하 만민 중에
구별되는 자 되게 하소서.

영생의 말씀으로
이끌어 주시고
말씀하신 그대로
순종하게 하소서.

어리석음을 버리고
생명을 얻으며
지각 있는 길로 가게 하소서.

예수님의 이름으로 기도합니다. 아멘

3일 자녀의 겸손을 위해

> 그분은 본래 하나님의 본체셨으나 하나님과 동등 됨을 기득권으로
> 여기지 않으시고 오히려 자신을 비워 종의 형체를 가져 사람의
> 모양이 되셨습니다. 그리고 그분은 자신을 낮춰 죽기까지
> 순종하셨으니, 곧 십자가에 달려 죽으신 것입니다 ✽ 빌 2:6-8

하나님 아버지
우리 자녀가

하나님을 경외함으로
주께서 명령하신 대로 행하게 하소서.
주님께서 주신 잔이라면 무엇이든 받아 마시며
생명의 말씀을 꼭 붙들어 순종케 하소서.

겸손히 하나님의 긍휼을 구하게 하소서.
이기심과 허영이 없이
겸손한 마음으로 다른 사람을 섬기며
자신의 일뿐만 아니라 다른 사람의 일도
돌아보게 하소서.

거만하지 않으며
생명을 살리는 꾸지람에 귀 기울이고
깨달음을 얻게 하는 주의 훈계를 사랑하게 하소서.

예수님처럼 자신을 낮춰 종의 마음을 품게 하소서.

예수님의 이름으로 기도합니다. 아멘

4일 하나님과의 사랑을 위해

> 네 마음을 다하고 네 생명을 다하고 네 뜻을 다해
> 주 네 하나님을 사랑하여라 . 마 22:37

하나님 아버지
우리 자녀가

마음과 뜻을 다해
하나님을 사랑하게 하소서.
그로 인해 하나님께
큰 기쁨을 얻게 하소서.

주를 사랑함으로
모든 이가
즐거워하게 하며
즐거워하는 소리가
멀리까지 들리게 하소서.

주의 사랑에 차고 넘쳐
보고 들은 모든 것을
모든 사람에게 전하는
예수의 증인이 되게 하소서.

예수님의 이름으로 기도합니다. 아멘

5일   자녀의 의로운 삶을 위해

> 의인의 길은 돋는 햇살 같아서 크게 빛나 한낮의 광명에 이르거니와
> 잠 4:18

하나님 아버지
우리 자녀가

지혜로운 영으로 가득한 자 되게 하소서.

자신이 세상에 알려지기를 바라지 않으며
하나님의 때를 기다리고
주님을 떳떳이 말하는 자 되게 하소서.

자기가 영광을 받으려고
자기 마음대로 말하지 않으며
거짓 없이 진실하게
주의 영광을 위해 살게 하소서.

오직 하나님께서 주시는
믿음으로 인해 복을 받고
그 의로움이 돋는 햇살 같아
크게 빛나게 하소서.

예수님의 이름으로 기도합니다. 아멘

6일 자녀의 죄로부터 자유를 위해

죄가 너희를 주장하지 못하리니
이는 너희가 법 아래에 있지 아니하고 은혜 아래에 있음이라. 롬 6:14

하나님 아버지
우리 자녀가

죄로 인하여 마음이 괴로울 때
주의 말씀을 달게 듣게 하소서.

고난의 날에 응답하시고
가는 길에 함께하시는
하나님을 예배하게 하소서.

죄가 자녀의 마음을
주장하지 못하게 하시고
항상 은혜 아래 머물며
흠이 없고 정직한 자로
하나님을 경외하고
악을 멀리하게 하소서.

예수님의 이름으로 기도합니다. 아멘

7일 주의 그늘아래 사는 자녀의 삶을 위해

네가 말하기를 여호와는 나의 피난처시라 하고 지존자를 너의 거처로 삼았으므로 화가 네게 미치지 못하며 재앙이 네 장막에 가까이 오지 못하리니 ▸시 91:9~10

하나님 아버지
우리 자녀가

주님의 이끄심과 낮추심을 깨닫고
자신의 마음에 무엇이 있는지
그분의 명령을 지키고 있는지 아닌지
항상 자신을 살피며 살아가게 하소서.

우리를 낮추고 배고프게 하실지라도
전혀 알지 못하는 만나를 먹이심으로
겸손하게 하소서.

하나님 아버지를 기억하며
우리를 구해주시는 분의 길로
걸어가게 하시어
진노의 큰 날이 이르렀을 때
지존자를 거처 삼았으므로
화가 미치지 못하며
재앙이 임하지 않는다는
평안의 믿음을 주소서.

예수님의 이름으로 기도합니다. 아멘

8일 자녀의 소망을 위해

> 너희는 그를 죽은 자 가운데서 살리시고 영광을 주신 하나님을
> 그리스도로 말미암아 믿는 자니 너희 믿음과 소망이
> 하나님께 있게 하셨느니라. 벧전 1:21

하나님 아버지
우리 자녀의

믿음과 소망이
하나님께 있게 하소서.

죽은 자 가운데서 살리시고
영광을 주신 하나님을
그리스도로 말미암아 믿는 자로서
주님의 음성을 잘 들으며
귀를 기울이게 하소서.

오직 구원의 하나님을 의지하며
세상의 죄악을 처벌하고
악인의 사악함을 징벌하시는 분께
소망을 두게 하소서.

예수님의 이름으로 기도합니다. 아멘

9일 자녀의 순종을 위해

> 하나님 앞에서는 율법을 듣는 자가 의인이 아니요
> 오직 율법을 행하는 자라야 의롭다 하심을 얻으리니 • 롬 2:13

하나님 아버지
우리 자녀가

하나님의 율법을 듣고
행하는 의로운 자 되게 하소서.
듣는 것에서 머물지 않게 하시고
행하는 믿음 주소서.

죄를 용서하시는 권세가
주님께 있음을 깨닫고
옳고 그름을 따지지 않는
조심함을 주소서.

오직 주님의 의롭다 하심으로
주와 함께 영원한 생명을
얻는 자 되게 하소서.

예수님의 이름으로 기도합니다. 아멘

10일 주를 신뢰하는 삶을 위해

> 여호와를 의지하는 자는 시온 산이 흔들리지 아니하고
> 영원히 있음 같도다. 시 125:1

하나님 아버지
우리 자녀가

주를 신뢰함으로
명령하신 대로 다 행하고
각자에게 주신 주의 깃발을 따라
진을 치듯 살아 움직이게 하소서.

말하는 것부터
아버지의 영을 따르며
머리카락까지 다 세고 계신
주를 신뢰함으로
두려움이 없게 하소서.

주를 의지하는 자로
흔들림 없이
저희의 인생이
하나님의 손에서
화려한 면류관이 되며
주의 손바닥에 놓여 있는
왕관이 되게 하소서.

예수님의 이름으로 기도합니다. 아멘

1. 자녀의 성품을 위한 어머니의 기도

11일 자녀의 만족된 삶을 위해

> 고난 받는 자는 그날이 다 험악하나 마음이 즐거운 자는 항상 잔치하느니라 . 잠 15:15

하나님 아버지
우리 자녀가

주님 앞에 은혜의 옷을 입게 하소서.

주께서 은혜를 베푸셨음으로 인해
근심을 갖지 않으며
주의 진리를 증거하는 자로
살아가게 하소서.

저희의 이름이
주의 가슴에
인장처럼 새겨진 이름임을 알고
마음이 즐거운 자로
항상 주와 함께 잔치하는 자로
살아가게 하소서.

예수님의 이름으로 기도합니다. 아멘

12일 자녀의 열매 맺는 삶을 위해

이런 것이 너희에게 있어 흡족한즉 너희로 우리 주 예수 그리스도를 알기에 게으르지 않고 열매 없는 자가 되지 않게 하려니와
벧후 1:8

하나님 아버지
우리 자녀가

예수 그리스도를 알기에
열심이 있게 하소서.

게으르지 않으며
정해진 때를 따라 명심하여
주님께서 즐겨하시는 향기를
올려드리게 하소서.

그리하여
주가 주신 판단력과 주의 의로 인해
많은 열매를 맺어
주를 위한 표적과 증거들이
무성하게 하소서.

예수님의 이름으로 기도합니다. 아멘

1. 자녀의 성품을 위한 어머니의 기도

13일 자녀의 영생을 위해

> 모든 눈물을 그 눈에서 닦아 주시니 다시는 사망이 없고 애통하는 것이나 곡하는 것이나 아픈 것이 다시 있지 아니하리니 처음 것들이 다 지나갔음이러라 ▫ 계 21:4

하나님 아버지
우리 자녀가

영원한 생명을 기뻐하며 살아가게 하소서.
모든 눈물을 닦아 주시는 예수님을 사모하게 하소서.

사망과 애통이 없는 그곳을 바라보며
이 세상에서 주의 명령을 따라
거룩하게 살아가게 하소서.

영원한 친교에 들어가는 그날까지
이 땅에서 거룩하신 하나님과 교제하며
그분의 소유된 자로 더욱 특별한 소유가 되게 하소서.

주께서 의인들과 악인들,
하나님을 섬기는 사람들과
섬기지 않는 사람들을 구별하실 때
주를 보았음으로,
주의 손에 있는 못 자국을 만져 보았음으로,
그분의 창에 찔리신 그 옆구리에
손을 넣어 보았음으로,
영생 가운데 살아가는 믿음의 사람이 되게 하소서.

예수님의 이름으로 기도합니다. 아멘

14일 자녀의 온유함을 위해

오직 마음에 숨은 사람을 온유하고 안정한 심령의 썩지 아니할 것으로 하라 이는 하나님 앞에 값진 것이니라 . 벧전 3:4

하나님 아버지
우리 자녀가

하나님을 위해 열심을 냄으로,
그 백성들에게
능력과 힘을 주시는 분을 의지함으로,

날마다 우리 짐을 져 주시는
구원의 하나님을 찬양함으로,
온유하고 안정된 심령으로,
주 앞에 값진 정신과 영혼을 지니게 하소서.

마음에 숨은 사람이
물이 마르지 않고
풀이 시들지 않는 푸르름으로
하나님 앞에 값지게 하소서.

예수님의 이름으로 기도합니다. 아멘

15일 자녀의 용기를 위해

> 피곤한 자에게는 능력을 주시며 무능한 자에게는
> 힘을 더하시나니 ✶ 사 40:29

하나님 아버지
우리 자녀가

주의 다스리심으로 인하여
기뻐하고 즐거워하게 하소서.

피곤할 때 능력 주시고
무능할 때 힘 주시는
주님을 찾으며
주님 계신 곳에 가게 하소서.

그곳에서
그분의 위엄과 왕좌를 보며
저희를 둘러싼 구름과 어둠의 사라짐을
보게 하소서.

그리고 저희에게 힘을 더하시는
주의 음성을 듣게 하소서.

예수님의 이름으로 기도합니다. 아멘

16일 자녀의 용서를 위해

너는 악을 갚겠다 말하지 말고 여호와를 기다리라
그가 너를 구원하시리라 . 잠 20:22

하나님 아버지
우리 자녀가

주님의 속죄하여 주시고
소유로 삼아 주심을 감사케 하소서.

주님이 저희의 방패이시고 머리를 드시는 분이시니
거슬러 둘러싸는 일이 많이 있다 해도
두려워하지 않게 하소서.

주께서 일어나 건지심을 믿음으로
위에 있는 것을 생각하여
분노와 증오, 악의와 비방을 하지 않게 하소서.
거룩하고 사랑하심을 받은 사람들같이
긍휼과 친절과 겸손과 온유와 오래 참음으로
옷 입게 하소서.

누구에게 불평거리가 있더라도
서로 용납하고 서로 용서하게 하소서.
주께서 저희를 용서하셨으니
우리도 그렇게 하게 하소서.

예수님의 이름으로 기도합니다. 아멘

1. 자녀의 성품을 위한 어머니의 기도

17일 자녀의 위로를 위해

그리스도의 고난이 우리에게 넘친 것 같이 우리가 받는 위로도
그리스도로 말미암아 넘치는도다 . 고후 1:5

하나님 아버지
우리 자녀가

주님 손에 이끌림 받는 인생이 되게 하소서.

저희가 불의한 자가 되지 않으며
주님께서 맡기시는 적은 일에도
겸손히 충성하는 자 되게 하소서.

주의 고난이 우리에게도 넘치게 하시며
그로 인한 우리의 받는 위로도 넘치게 하소서.

예수님의 이름으로 기도합니다. 아멘

18일 자녀의 의를 위해

> "너희는 의인에게 복이 있으리라 말하라 그들은 그들의 행위의 열매를 먹을 것임이요." 사 3:10

하나님 아버지
우리 자녀가

여호와의 명령을 따라
의의 길을 가게 하소서.

감사의 제사를 드리고
주께 영광 돌리며
길을 곧게 닦는 사람 되게 하소서.

믿음으로 의를 행하고
죄의 쾌락을 즐기기보다
하나님의 백성과 함께
고난받기를 더 좋아하게 하소서.

다른 마음가짐을 가지고
주를 온전히 따르게 하소서.

예수님의 이름으로 기도합니다. 아멘

19일 자녀의 의식주를 위해

그분은 자기를 경외하는 이들에게 양식을 주시며
그들과의 언약을 영원히 마음에 두신다 ▸ 시 111:5

하나님 아버지
우리 자녀가

주님의 은혜 베푸심 안에
주님의 도우심 안에 살기 원합니다.

갇혔을 때 "나오라"는 음성을 듣고
어둠 속에 있을 때 "풀려났다"고 말하기 원합니다.

길 위에서도, 헐벗은 언덕에서도 먹을 수 있어
배고프거나 목마르지 않으며 뜨거운 바람이나 햇볕도
저희를 치지 못하게 하실 것을 믿습니다.

저희를 불쌍히 여기시고
저희를 이끌어 물가에서 쉬게 하소서.
이로 말미암아 하나님을 경외하고
하나님을 찬양하기 원합니다.

예수님의 이름으로 기도합니다. 아멘

20일 자녀의 자기부인을 위해

> 모든 사람에게 구원을 주시는 하나님의 은혜가 나타나 우리를 양육하시되 경건하지 않은 것과 이 세상 정욕을 다 버리고 신중함과 의로움과 경건함으로 이 세상에 살고 ▪ 딛 2:11~12

하나님 아버지
우리 자녀가

깊이 타락하고 있는 이 시대에
파수꾼과 같이
이 시대의 사악함과 죄를 처벌하실
하나님과 함께 있게 하소서.

여호와를 경외하고 그분의 길로 행하는 사람은
누구나 복이 있사오니
눈물로 씨 뿌리는 사람들처럼
귀한 씨를 들고 울며 나가는 사람들처럼
자신을 부인하고 우리를 교훈하신대로 살게 하소서.

경건하지 않은 것과 세상의 정욕을 버리고
신중함과 의로움과 경건함 가운데
이 세상을 살아가게 하소서.

예수님의 이름으로 기도합니다. 아멘

21일 자녀의 자녀다움를 위해

> 지혜로운 아들은 아비의 훈계를 들으나
> 거만한 자는 꾸지람을 즐겨 듣지 아니하느니라 ▸ 잠 13:1

하나님 아버지
우리 자녀가

순수하고 거룩한
향기 있는 자 되게 하소서

저희를 모든 진리 가운데로 인도하시는
진리의 성령님을 따라가게 하소서.

지혜롭게 아버지의 훈계를 들으며
그것이 옳은 일이기에
주 안에서 부모에게 순종하게 하소서.

약속 있는 첫 계명
네 아버지와 어머니를 공경하여
저희가 잘되고 땅에서 장수하게 하소서.

예수님의 이름으로 기도합니다. 아멘

22일 자녀의 성결을 위해

오직 주 예수 그리스도로 옷 입고
정욕을 위하여 육신의 일을 도모하지 말라 · 롬 13:14

하나님 아버지
우리 자녀가

그 어떤 것에
현혹되어 정욕을 위해
육신의 일을 도모하지 않게 하소서.

정신을 바짝 차려
항상 깨어 있게 하소서.

그러나
시궁창과 같은 정욕에 빠져서
두려워하며 끌려 다닌다면
주님의 회초리로, 사람 막대기로
깨우쳐 주시어
정욕에 끌려 다니지 않게 하소서.

예수님의 이름으로 기도합니다. 아멘

23일 자녀의 새 사람 됨을 위해

> 새 사람을 입었으니 이는 자기를 창조하신 이의 형상을 따라 지식에까지 새롭게 하심을 입은 자니라 · 골 3:10

하나님 아버지
우리 자녀가

우리를 창조하신 분의 형상을 따라
새 사람을 입게 하소서.

끊임없이 새로워져서
우리 주의
참 지식에 이르게 하소서.

이를 위해
매일 번제를 드리듯
이른 아침마다 주를 경배하고
찬양하는 삶을 살게 하소서.

그리하여 우리 주의 모든 것을
즐거워하고 좋아하는 자 되게 하소서.

예수님의 이름으로 기도합니다. 아멘

24일 자녀의 지도력을 위해

> 너희가 짐을 서로 지라 그리하여 그리스도의 법을 성취하라. 갈 6:2

하나님 아버지
우리 자녀가

서로 짐을 나눠지는
그리스도의 마음을 품게 하소서.

그렇게 하므로 저희가
약자와 고아들을 변호하고
가난한 사람들과 억압당하는 사람들의
권리와 이익을 보호하는
하나님의 법을 완성하는 삶을 살게 하소서.

예수님의 이름으로 기도합니다. 아멘

25일 자녀의 삶을 개척하는 용기를 위해

그 산지도 네 것이 되리니 비록 삼림이라도 네가 개척하라 그 끝까지 네 것이 되리라 가나안 족속이 비록 철 병거를 가졌고 강할지라도 네가 능히 그를 쫓아내리라 하였더라 ▸수 17:18

하나님 아버지
우리 자녀가

산과 같은 환경에 마주칠지라도
주를 신뢰함으로
험한 환경을
스스로 개척할 수 있는
용기를 주소서.

넘어가야 할 환경이
철 전차와 같이 강할지라도
주를 신뢰함으로
그 모든 것을 쫓아내고
주의 선하신 계획을
이루는 삶을 살게 하소서.

예수님의 이름으로 기도합니다. 아멘

26일 자녀의 기도생활을 위해

그러나 언제든지 주께로 돌아가면 그 수건이 벗겨지리라 주는 영이시니
주의 영이 계신 곳에는 자유가 있느니라 . 고후 3:16~17

하나님 아버지
우리 자녀에게

항상 무엇을 하든지
주께로 돌아갈 힘을 주소서.

그리하여
그리스도가 아닌 것에 집중하는 수건들이
날마다 때마다 벗겨지게 하시고

주의 영이 계신 곳에 자유가 있음을
풍성히 누리게 하소서.

예수님의 이름으로 기도합니다. 아멘

1. 자녀의 성품을 위한 어머니의 기도

27일 공부에 시달리는 자녀를 위해

어두운 데에 빛이 비치라 말씀하셨던 그 하나님께서
예수 그리스도의 얼굴에 있는 하나님의 영광을 아는 빛을
우리 마음에 비추셨느니라 . 고후 4:6

하나님 아버지
우리 자녀가

공부와 관계 속에서 찌들어
괴로움에 싸여있을 때
어둠에서 "빛을 비추라"
말씀하셨던 하나님께서
저희의 마음에도
예수님의 얼굴에 있는
하나님의 영광을 아는 빛을 비추소서.

또한, 우리에게
거룩한 안식일을 준 것을 명심하게 하소서.
안식일을 위해 여섯째 날 두 배의 만나를 주신
하나님 사랑의 능력을 알게 하소서.

주의 평안과 안식을 누리며
마음에 근심과 두려움 없이 열매 맺는 삶 주소서.

예수님의 이름으로 기도합니다. 아멘

28일 병든 자녀를 위해

> 그가 찔림은 우리의 허물 때문이요 그가 상함은 우리의 죄악 때문이라 그가 징계를 받으므로 우리는 평화를 누리고 그가 채찍에 맞으므로 우리는 나음을 받았도다 ◆ 사 53:5

하나님 아버지

병든 우리 자녀를 고쳐 주소서.
주께서 채찍 맞으셨기에
우리가 나음을 받았습니다.

우리의 허물과 우리의 악함때문에
찔리고 짓뭉개어지신 주님
이제 우리를 향한 주님의 사랑이 크심을 아오니
병든 몸 일으켜 주님 하신 일을 선포하게 하소서.

주님께서 저희 편이시니
두렵지 않습니다.
강력한 손과 쭉 뻗친 팔로
큰 이적과 기사로
저희에게 임마누엘하소서.

예수님의 이름으로 기도합니다. 아멘

29일 자녀의 성공을 위해

> 복 있는 사람은 악인들의 꾀를 따르지 아니하며 죄인들의 길에 서지 아니하며 오만한 자들의 자리에 앉지 아니하고 오직 여호와의 율법을 즐거워하여 그의 율법을 주야로 묵상하는도다 ＊시 1:1~2

하나님 아버지
우리 자녀가

주의 율법을 즐거워하고
그 율법을 밤낮으로 깊이 묵상하는 자 되게 하소서.
그로 말미암아
하나님께서 하지 말라고 명하신 것을 범했을 때
죄를 깨닫게 하소서.

주의 말씀을 따름으로
지혜를 얻어 자기 영혼을 지키는
사람 되게 하소서.

그리스도 안에서
지혜와 지식의 감춰진 모든 보화를 캐내고
질서 있게 그리스도를 믿는
굳건한 믿음 주소서.

예수님의 이름으로 기도합니다. 아멘

30일 자녀의 청지기 삶을 위해

> 각각 은사를 받은 대로 하나님의 여러 가지 은혜를
> 맡은 선한 청지기 같이 서로 봉사하라 ● 벧전 4:10

하나님 아버지
우리 자녀가

자기 고집대로 삶을 주장하지 않고
선한 마음을 갖는 청지기와 같이
주께서 맡겨주신 일을 잘 관리하는
대리인의 삶을 살게 하소서.

세상을 다스리는 분은
그리스도이심을 기억하며
교만과 자긍심과 우쭐거림과 오만함
허풍과 같은 자랑거리들을 말하지 않게 하소서.

오직 하나님의 이름을 찬송하고
감사하며 주께 영광 돌리는
선한 청지기가 되게 하소서.

예수님의 이름으로 기도합니다. 아멘

31일 부모의 할 일을 위해

> 여호사밧이 그의 아버지 아사의 모든 길로 행하며 돌이키지 아니하고
> 여호와 앞에서 정직히 행하였으나 산당은 폐하지 아니하였으므로
> 백성이 아직도 산당에서 제사를 드리며 분향하였더라 · 왕상 22:4

하나님 아버지
부모 된 이들이

부모로서 자녀들에게 할 일을
성경의 가르침대로 힘을 다해 가르치게 하소서.

부모 된 저희가 먼저는 말씀 안에 살고
믿음의 본을 보여 마음의 생각과 의도까지
주 앞에 비추게 하소서.

또한 자녀를 축복하는 부모 되게 하소서.
기도가 주 앞에 피운 향처럼 올라가게 하시고
내 손을 드는 것이 저녁 제물처럼 되게 하소서.

주의 말씀을 자녀에게, 그 다음 세대에게
말하며 살게 하소서.

예수님의 이름으로 기도합니다. 아멘

Part 2

자녀의 영적 생활을 위한

어머니의 기도

1일 자녀의 순결함을 위해

너는 또 이스라엘 자손에게 명령하여 감람으로 짠
순수한 기름을 등불을 위하여 네게로 가져오게 하고
끊이지 않게 등불을 켜되 · 출 27:20

하나님 아버지
우리 자녀가

더러움에 섞이지 않고 깨끗함으로
주께 끊임없이 등불을 켜는 삶 되게 하소서.

그의 육신이 복음의 진리대로 살아
여호와를 경외하며 악을 떠나는 것이
몸에 양약이 되고 골수를 윤택하게 하는
길임을 알게 하소서.

우리 몸은 그리스도께서 사시는 몸이니
연약한 육체 안에 살지만
몸을 더럽히는 모든 유혹을 뿌리쳐
하나님의 은혜를 헛되게 하지 않게 하소서.

예수님의 이름으로 기도합니다. 아멘

2일 자녀의 겸손과 겸비를 위해

내게 주신 은혜로 말미암아 너희 각 사람에게 말하노니 마땅히 생각할 그 이상의 생각을 품지 말고 오직 하나님께서 각 사람에게 나누어 주신 믿음의 분량대로 지혜롭게 생각하라 . 롬 12:3

하나님 아버지
우리 자녀가

매사에 겸손히 주께 부르짖는 생활을 하며
주께 도와달라고 기도하게 하소서.

오직 주의 은혜로
산같이 굳건히 서 있게 하소서.

권능으로 땅을 만드시고
지혜로 세계를 세우신 주 앞에
겸손하게 하소서.

사람은 분별력이 없고
지식도 없음을 깨닫고
분별력으로 하늘을 펼치신 주께
항상 무릎 꿇게 하소서.

예수님의 이름으로 기도합니다. 아멘

2. 자녀의 영적 생활을 위한 어머니의 기도

3일 자녀의 관용을 위해

> 서로 친절하게 하며 불쌍히 여기며 서로 용서하기를 하나님이
> 그리스도 안에서 너희를 용서하심과 같이 하라 . 엡 4:2

하나님 아버지
우리 자녀의

마음 안에 친절과 불쌍히 여김과 용서가
넘치게 하소서.
그가 주의 성전을 건축하듯이 그의 맘을
그리스도의 온유와 관용으로 채우게 하소서.

육체를 따라 행하는 사람들에게
우리가 가지고 싸우는 무기는
육체에 속한 것이 아니라
견고한 요새를 무너뜨리는
하나님의 능력임을 드러내게 하소서.

관용을 모든 사람에게 나타내어
주의 가까이 계심을 보이게 하소서.
항상 무엇이든지 진실과 경건과
의와 거룩함으로 사랑하게 하소서.

이 모든 것을 실천하여
주의 평강이 늘 함께 하게 하소서.

예수님의 이름으로 기도합니다. 아멘

4일 자녀의 근신함을 위해

> 그러므로 우리는 다른 이들과 같이 자지 말고
> 오직 깨어 정신을 차릴지라 ◦ 살전 5:6

하나님 아버지
우리 자녀가

근신함으로 깨어 있게 하소서.

부정한 세상 속에서
낮에 속한 자로 정신을 차리고
부정한 것과 정결한 것,
취할 수 있는 것과 취할 수 없는 것 사이를
구분하게 하소서.

주의 변함없는 사랑을 믿음으로
믿음과 사랑의 가슴받이를 입고
구원과 소망의 투구를 쓰고
악은 어떤 모양이라도 피하게 하소서.

곁길로 가지 않으며
딴 마음을 품지 않고
모든 것을 분별하며
선한 것을 취하게 하소서.

예수님의 이름으로 기도합니다. 아멘

5일   자녀의 기도 생활을 위해

> 너는 기도할 때에 네 골방에 들어가 문을 닫고 은밀한 중에 계신 네 아버지께 기도하라 은밀한 중에 보시는 네 아버지께서 갚으시리라
> 마 6:6

하나님 아버지
우리 자녀가

기도의 골방에서 은밀히 기도하게 하소서.
은밀한 중에 보시는 하나님께
향기로운 제물로 드려지게 하소서.

세상이 하나님 앞에 부패하여
포악함이 땅에 가득할 때
주의 은혜를 입어 기도의 방주로
들어가게 하소서.

기도하는 자가 되어 지혜와 성령으로 말하여
세상이 능히 당하지 못하게 하소서.

매일 기도하는 삶을 통해
높고 높으신 분께 감사하고
영원히 살아계시는 그분을 찬양하고
영광을 돌리게 하소서.

예수님의 이름으로 기도합니다. 아멘

6일 자녀의 회복을 위해

낮은 자를 높이고 높은 자를 낮출 것이니라 . 겔 21:26

하나님 아버지
우리 자녀가

근심할 때 그 근심으로
회개하게 하소서.
하나님의 뜻대로 근심하여
구원에 이르는 회개하여
후회함이 없게 하소서.

근심할 때 간절함과 두려움,
사모함과 열심과 깨우치는 마음으로
모든 일에 자신을 깨끗하게 하소서.

가난해진 그 마음에
주께서 선하심으로 채워주시고
날마다 우리의 짐을 져 주시는
주의 힘을 보게 하소서.

예수님의 이름으로 기도합니다. 아멘

2. 자녀의 영적 생활을 위한 어머니의 기도

7일 자녀의 노력을 위해

> 내가 너희로 노력하지 아니한 것을 거두러 보내었노니 다른 사람들은 노력하였고 너희는 그들이 노력한 것에 참여하였느니라
> 요 4:38

하나님 아버지
우리 자녀가

하나님의 방법대로
노력하며 살게 하소서.

하나님께서 주시는
선물과 양식이 있음을 알게 하소서.
그분의 뜻을 행하고
그분의 일을 완성하는 노력을 하게 하소서.

모든 노력에는
씨를 뿌린 사람과 추수하는 사람이
함께 기뻐하게 됨을 기억하게 하소서.
자신의 수고를 통해 다른 사람이
수고한 결실을 거두는 은혜를
누리게 됨을 기뻐하게 하소서.

깊이 생각할 수 있는 슬기를 배우게 하시고
지식과 옳은 것을 판단할 수 있는 능력을 얻어
참된 그리스도의 종으로 살아가게 하소서.

예수님의 이름으로 기도합니다. 아멘

8일 자녀의 능력을 위해

> 우리 가운데서 역사하시는 능력대로 우리가 구하거나
> 생각하는 모든 것에 더 넘치도록 능히 하실 이에게 • 엡 3:20

하나님 아버지
우리 자녀가

그리스도의 사랑을 알아
하나님의 모든 충만하심의 정도에까지
충만하게 하소서.

주의 명령을 지키고 순종하는 것에
불타는 열망으로 가득하여
역사하시는 능력대로 구하게 하시고
생각하는 모든 것에
더 넘치도록 부어주소서.

그의 모든 하는 일이 주의 돌보심 속에서
경작되고 씨가 뿌려짐을 항상 기억하게 하소서.

예수님의 이름으로 기도합니다. 아멘

9일 자녀의 단정함을 위해

낮에와 같이 단정히 행하고 방탕하거나 술 취하지 말며 음란하거나
호색하지 말며 다투거나 시기하지 말고 ◦ 롬 13:13

하나님 아버지
우리 자녀가

헛되고 거짓된 것을 미워하게 하소서.
마음의 고통 속에서
슬픔으로 목숨이 끊어질 것 같을지라도
방탕하거나 술 취하지 말며
음란하거나 호색하지 말며
다툼과 시기 없이 단정히 행하게 하소서.

하루하루가 주의 손에 달려 있음을 믿으며
주의 손에 그의 영을 맡기게 하소서.

진리의 하나님의 구원을 바라보며
고통을 보시고 영혼의 고뇌를 아시는 주께
"주는 내 하나님"이라고 고백하며
육신의 일을 행하지 않게 하소서.

예수님의 이름으로 기도합니다. 아멘

10일 자녀의 믿음을 위해

아브람이 여호와를 믿으니 여호와께서 이를 그의 의로 여기시고
창 15:6

하나님 아버지
우리 자녀에게

산을 옮길 만한 믿음과
물 위를 걸을 수 있는 믿음이 있게 하소서.

주님께서 "오너라" 하실 때 가게 하소서.
바람이 불지라도 안심하며 두려워하지 않게 하소서.

주님의 음성에 항상 귀 기울여
주님께 믿음 있음을 보이며

하나님께서 함께 행하신 모든 일과
하나님께서 어떻게 믿음의 문을 여시는지
말할 수 있는 자가 되게 하소서.

아브람이 여호와를 믿음으로
하나님 앞에 의로 여겨주셨던 것처럼
우리 자녀에게도 동일한 은혜를 주소서.

예수님의 이름으로 기도합니다. 아멘

2. 자녀의 영적 생활을 위한 어머니의 기도

11일 자녀의 범사를 위해

범사에 기한이 있고 천하 만사가 다 때가 있나니 . 전 3:1

하나님 아버지
우리 자녀가

모든 것에는 시기가 있고
하늘 아래 모든 일에는
목적에 따라 때가 있음을 알게 하소서.

기쁘게 살면서 선을 행하는 일을 하게 하소서.
범사에 약한 사람을 도우며
"주는 것이 받는 것보다 복이 있다"라고 하신
주 예수의 말씀을 기억하며 살게 하소서.

때를 얻든지 못 얻든지 항상 힘쓰며
끝까지 오래 참으며 주를 신뢰하게 하소서.

예수님의 이름으로 기도합니다. 아멘

12일 자녀의 하나님과 친구 관계를 위해

그러나 나의 종 너 이스라엘아 내가 택한 야곱아
나의 벗 아브라함의 자손아 . 사 41:8

하나님 아버지
우리 자녀가

일평생 하나님과
벗이 되어 살게 하소서.

주께서 친구 되시니
그 무엇도 두려워하지 말게 하시고
주께서 함께하시니
걱정하지 말게 하소서.
또한, 그러한 은혜 가운데 사는 우리 자녀가

욥이 그 친구들을 위해 기도했듯이
작은 사람이든 큰 사람이든
주의 이름을 경외하며
기도하는 자로 살게 하소서.

예수님의 이름으로 기도합니다. 아멘

13일 자녀의 본성을 위해

> 전에는 우리도 다 그 가운데서 우리 육체의 욕심을 따라 지내며
> 육체와 마음의 원하는 것을 하여 다른 이들과 같이
> 본질상 진노의 자녀이었더니 • 엡 2:3

하나님 아버지
우리 자녀가

하나님의 은혜가 없다면
태어날 때부터
육체와 마음이 원하는 것들을 행하며
육체의 욕망대로 살아가는 진노의 자녀임을 알고
겸손케 하소서.

하나님께서는
우리가 선한 일들을 행하며 살기를 원하심을
늘 기억하게 하소서.
그분께서 우리의 죄악을 용서하셨고
그 모든 죄를 덮어 주셨음을
기억하게 하소서.

우리 죄로 인해 하나님께서는 우셨으며
주의 모든 진노를 거두셨고
주의 극한 진노를 돌이켜 주셨음에
늘 감당 못 할 감사가 있게 하소서.

예수님의 이름으로 기도합니다. 아멘

14일 자녀의 부유함을 위해

우리가 먹을 것과 입을 것이 있은즉 족한 줄로 알 것이니라 · 딤전 6:8

하나님 아버지
우리 자녀가

부유함이 생명을 구속할 수 없음을 알게 하소서.
항상 살피시고 시험해 주시어
그 마음과 생각을 살피소서.

부유함을 좇아
사기꾼들과 한 자리에 앉지 않게 하시며
위선자들과 어울리지 않게 하소서.

오직 부와 명예가
주께로부터 옴을 알게 하소서.
주의 손에 힘과 능력이 있음을 믿으며
누구든지 높이시고 낮추실
힘이 하나님께 있음을 기억하며
주만 의지하게 하소서.

예수님의 이름으로 기도합니다. 아멘

15일 자녀의 생기 있는 삶을 위해

> 여호와 하나님이 땅의 흙으로 사람을 지으시고
> 생기를 그 코에 불어넣으시니 사람이 생령이 되니라 _창 2:7_

하나님 아버지
우리 자녀가

주께서 불어넣으시는 생기로
기쁘게 살게 하소서.

옛날 동방박사들이 별을 보고
뛸 듯이 기뻐한 것처럼
주께서 주의 영을
우리 자녀의 육체에 부어주셔서
베푸신 능력들과 기사들과 표적들로
생명의 길을 보며
주께서 가득 채우시는 기쁨을 누리게 하소서.

예수님의 이름으로 기도합니다. 아멘

16일 자녀의 선한 행위를 위해

> 사람아 주께서 선한 것이 무엇임을 네게 보이셨나니 여호와께서 네게
> 구하시는 것은 오직 정의를 행하며 인자를 사랑하며 겸손하게
> 네 하나님과 함께 행하는 것이 아니냐 . 미 6:8

하나님 아버지
우리 자녀가

가치 있고 올바르며
좋은 것을 따르게 하소서.
주를 사랑하며 정의롭고 겸손히
하나님과 동행하게 하소서.

하나님만이 완전한 선이심을 깨닫고
하나님의 뜻에 순종하게 하소서.
선을 행하고 좋은 일을 많이 하고
아낌없이 베풀고 기꺼이 나누어 주게 하소서.

그렇게 함으로 자신을 위해
기초를 든든히 쌓아
앞날에 참된 생명을 얻게 하소서.

예수님의 이름으로 기도합니다. 아멘

17일 자녀의 선택을 위해

여호와께서 이와 같이 말씀하시기를 나의 안식일을 지키며
내가 기뻐하는 일을 선택하며 나의 언약을 굳게 잡는 고자들에게는
내가 내 집에서 내 성 안에서 아들이나 딸보다 나은 기념물과 이름을
그들에게 주며 영원한 이름을 주어 끊어지지 아니하게 할 것이며
· 사 56:4~5

하나님 아버지
우리 자녀가

여호와 앞에 서는 삶을 살게 하소서.

주의 법을 기억하고 거기서 위로를 얻으며
행위를 깊이 생각하게 하시고
주의 교훈으로 항상 발걸음을 돌리게 하소서.

주의 계명을 지키는 데
신속하고 지체하지 않게 하소서.

사람이 빵으로만 사는 것이 아니라
하나님의 입으로 나오는
모든 말씀으로 사는 것을 명심하며
악한 무리가 꽁꽁 묶을지라도
주의 법을 선택하게 하소서.

예수님의 이름으로 기도합니다. 아멘

18일 자녀의 섬김을 위해

> 사람이 나를 섬기려면 나를 따르라 나 있는 곳에 나를 섬기는 자도 거기 있으리니 사람이 나를 섬기면 내 아버지께서 그를 귀히 여기시리라 . 요 12:26

하나님 아버지
우리 자녀가

주를 사랑하고 그의 모든 길로 행하며
마음과 성품을 다해 주를 섬기게 하소서.

주께 순종하게 하시고
주의 음성에 귀를 기울이게 하소서.

악한 마음의 완고함을 따르지 않고
오직 주의 모든 말씀을 행하게 하소서.

우리 주위의 가장 보잘 것 없는 사람에게
먹을 것과 마실 것 입을 것을 주며 돌보게 하소서.

이것이 주께 한 일임을 늘 기억하게 하소서.

예수님의 이름으로 기도합니다. 아멘

19일 자녀의 성취를 위해

예수께서 신 포도주를 받으신 후에 이르시되 다 이루었다 하시고
머리를 숙이니 영혼이 떠나가시니라 요 19:30

하나님 아버지
우리 자녀가

하는 모든 일을 여호와께 맡기게 하소서.

예수님께서 하나님께 순종하여 다 이루신 것처럼
말씀에 주의하는 자가 되어
푯대를 향해 나아가는 자가 되게 하소서.

우리 자녀의 행위가
여호와를 기쁘시게 하는 것이 되어
모든 일에 예수님처럼
온전히 이루는 자가 되게 하소서.

예수님의 이름으로 기도합니다. 아멘

20일 자녀의 성품을 위해

> 이로써 그 보배롭고 지극히 큰 약속을 우리에게 주사 이 약속으로 말미암아 너희가 정욕 때문에 세상에서 썩어질 것을 피하여 신성한 성품에 참여하는 자가 되게 하려 하셨느니라 • 벧후 1:4

하나님 아버지
우리 자녀가

세상에서 썩어질 것을 피하여
신성한 성품에 참여하는 자가 되게 하소서.

덕을 겸비한 믿음과
절제할 수 있는 지식과 인내를 주시고
경건한 형제 우애의 사랑을 간직하게 하소서.

이런 것들이 없어 앞을 볼 수 없는
눈먼 사람 같이 되지 않게 하소서.

힘써 주의 부르심과 택하심을 굳건히 하여
결코 넘어지지 않게 하소서.

예수님의 이름으로 기도합니다. 아멘

2. 자녀의 영적 생활을 위한 어머니의 기도

21일 자녀의 소망을 위해

> 우리 구주 하나님과 우리의 소망이신 그리스도 예수의 명령을 따라 그리스도 예수의 사도 된 바울은 · 딤전 1:1

하나님 아버지
우리 자녀가

여호와를 사랑하는 것에
거룩한 분의 말씀 듣는 것에
소망을 두게 하소서.

자녀의 일생에
믿음과 소망과 사랑이
항상 있게 하시며
환난 가운데 처할지라도
인내하여 연단되고 연단되어
소망을 이루게 하소서.

눈물을 거둬 주시며
그 발이 넘어지지 않게 하시고
우리를 보호하는 분
그리스도 예수께만 소망을 두게 하소서.

예수님의 이름으로 기도합니다. 아멘

22일 자녀의 지혜를 위해

> 또 사람에게 말씀하셨도다 보라 주를 경외함이 지혜요
> 악을 떠남이 명철이니라 · 욥 28:28

하나님 아버지
우리 자녀가

예수님께서 행하신
모든 영광스러운 일로 인해 기뻐하는
지혜로운 자가 되게 하소서.

좁은 문으로 들어가기 위해 힘쓰며
오늘과 내일 그리고 그 다음날에도
마땅히 주님이 이끄시는 대로
갈 길을 가게 하소서.

사랑을 추구하며
신령한 것들을 열심히 구하며
영으로 기도하고
이성으로 기도하게 하소서.

모든 일을 적절하게 하고 또 질서 있게 하여
다른 사람에게 도움이 되는 자로
살아가게 하소서.

예수님의 이름으로 기도합니다. 아멘

23일 자녀의 승리를 위해

악에게 지지 말고 선으로 악을 이기라 • 롬 12:21

하나님 아버지
우리 자녀가

오직 주의 선으로
승리하는 삶을 살게 하소서.

다른 어떤 제사보다
주의 음성에 순종하여 승리케 하소서.

거역하는 것은 점치는 죄와 같고
교만은 우상을 섬기는 악과 같음을 알게 하소서.

자신을 핍박하는 자가 있을지라도
핍박하는 사람들을 축복하게 하소서.

모든 악을 스스로 갚지 말고
하나님의 진노하심에 맡기게 하소서.

오히려
원수가 굶주려 있으면 먹이고
목말라 하면 마실 것을 주어
그의 머리 위에 숯불을 쌓는 인생이 되게 하소서.

예수님의 이름으로 기도합니다. 아멘

24일 자녀의 시간을 위해

이 천국 복음이 모든 민족에게 증언되기 위하여
온 세상에 전파되리니 그제야 끝이 오리라 . 마 24:14

하나님 아버지
우리 자녀가

불법이 더욱 많아지고
사람들의 사랑이 식어 가는 시대를 살아갈 때
믿음 안에 끝까지 굳게 서 있는 사람이 되게 하소서.

하늘나라 복음이 온 세상에 전파돼
모든 민족들에게 증거되면
그때서야 끝이 올 것을 알게 하소서.

노아의 때에 그러했던 것처럼
모든 사람이 알지 못하더라도
하나님께 소망을 두고
하나님과 사람 앞에서
항상 거리낄 것 없는 양심을 간직하며 살게 하소서.

예수님의 이름으로 기도합니다. 아멘

25일 자녀의 성령의 감동하심을 위해

건너매 엘리야가 엘리사에게 이르되 나를 네게서 데려감을 당하기 전에 내가 네게 어떻게 할지를 구하라 엘리사가 이르되 당신의 성령이 하시는 역사가 갑절이나 내게 있게 하소서 하는지라 · 왕하 2:9

하나님 아버지
우리 자녀에게

성령이 하시는 역사를
매일 갑절로 더하여 주소서.
성령의 거룩하게 하심과 진리를 향한 믿음을
매일 견고케 하소서.

무릎을 꿇고 하나님께 기도드릴 때
하나님의 숨이 불어 넣어지게 하소서.

항상 도움을 구하여
마음에 흔들림 없이 두려워하지 않고
여호와를 의지하는 그 마음이 확고하게 하소서.

예수님의 이름으로 기도합니다. 아멘

26일 자녀의 형상을 위해

너희 육신이 연약하므로 내가 사람의 예대로 말하노니 전에 너희가
너희 지체를 부정과 불법에 내주어 불법에 이른 것 같이 이제는
너희 지체를 의에게 종으로 내주어 거룩함에 이르라 • 롬 6:19

하나님 아버지
우리 자녀가

예수님의 형상을 닮게 하소서.

그리스도의 죽으심과 같은 죽음으로
그분과 연합한 사람이 되게 하소서.

전해 받은 교훈의 본을
마음으로부터 순종함으로
죄에서 해방되어
하나님의 종이 돼
거룩함에 이르는 열매를 맺게 하소서.

예수님의 이름으로 기도합니다. 아멘

27일 자녀의 기쁨을 위해

> 하나님의 나라는 먹는 것과 마시는 것이 아니요
> 오직 성령 안에 있는 의와 평강과 희락이라 ● 롬 14:17

하나님 아버지
우리 자녀가

하나님 나라를 누리며
기쁨 가운데 살게 하소서.

먹고 마시는 것을 즐기기보다
성령 안에서 사는 것을
기뻐하게 하소서.

경건한 사람이 되어
주께서 지도하시는 가야할 길을 알게 하소서.

여호와를 신뢰하는 사람이 되게 하시고
변함없는 사랑으로 그를 감싸 주소서.

그리스도를 온전히 섬기는 사람이 되어
하나님을 기쁘시게 하고
사람에게도 인정을 받게 하소서.

예수님의 이름으로 기도합니다. 아멘

28일 자녀의 헌신을 위해

> 주의 권능의 날에 주의 백성이 거룩한 옷을 입고 즐거이 헌신하니
> 새벽 이슬 같은 주의 청년들이 주께 나오는도다 · 시 110:3

하나님 아버지
우리 자녀가

주께서 능력을 보이시는 날에
거룩한 옷을 입고 동트는 새벽부터
기꺼이 나아오게 하소서.

하나님의 부르심에 합당한 사람이 되어
핍박과 환난이 있더라도
인내와 믿음으로
하나님의 교회 가운데 자랑이 되게 하소서.

거룩한 영을 따름으로
하나님의 지혜와 같은
총명과 통찰력이 있게 하시어
숨겨진 비밀을 밝히고
어려운 문제를 해결하는 능력이 있게 하소서.

예수님의 이름으로 기도합니다. 아멘

2. 자녀의 영적 생활을 위한 어머니의 기도

29일   자녀의 탁월함을 위해

> 르우벤아 너는 내 장자요 내 능력이요 내 기력의 시작이라
> 위풍이 월등하고 권능이 탁월하다마는 · 창 49:3

하나님 아버지
우리 자녀가

모든 사람에게
큰 기쁨이 되는 일을 하게 하소서.

하나님의 은혜를 따라 모든 선한 일에
오직 예수 그리스도를 기초로
지혜로운 건축가처럼 기초를 닦게 하시며
다른 사람이 그 위에 건물을 세울 수 있게 하소서.

강해지고 지혜가 충만하여
늘 하나님의 은혜가 그 위에 있게 하소서.

예수님의 이름으로 기도합니다. 아멘

30일 자녀의 은총을 위해

> 그의 노염은 잠깐이요 그의 은총은 평생이로다
> 저녁에는 울음이 깃들일지라도 아침에는 기쁨이 오리로다 . 시 30:5

하나님 아버지
우리 자녀가

일평생 주의 은총 가운데 살게 하시고
주의 거룩함을 기억하며 감사하게 하소서.

주의 은혜로 그의 일생을
산 같이 굳게 세우소서.

하나님께 도움 받는 자가 되며
그리스도 예수 안에 있는 은혜로 굳세게 하소서.

사사로운 일에 얽매이지 않으며
불러 주신 분을 기쁘게 하는 자가 되게 하소서.

택함을 받은 사람으로
모든 것을 참고 견디며
그리스도 예수 안에 있는
영원한 영광을 주와 함께 얻게 하소서.

예수님의 이름으로 기도합니다. 아멘

2. 자녀의 영적 생활을 위한 어머니의 기도

31일   자녀의 일평생을 위해

> 산당은 이스라엘 중에서 제하지 아니하였으나
> 아사의 마음이 일평생 온전하였더라 ▪ 대하 15:17

하나님 아버지
우리 자녀가

일평생 하나님의 말씀과 기도로
거룩해지게 하소서.

주께서 목자 되시어 부족함이 없게 하시며
그의 평생에 주의 선하심과 한결같은 사랑으로
함께 하소서.

저속하고 헛되게 꾸며낸 이야기를 버리고
오직 경건에 이르도록 단련되게 하소서.

항상 주의 가르침에 주의하고
이 일들을 일평생 행함으로
자신뿐 아니라 자신의 말을 듣는
모든 사람들을 구원으로 이끌게 하소서.

예수님의 이름으로 기도합니다. 아멘

Part 3

자녀의 형통을 위한

어머니의 기도

1일 하나님을 깊이 체험하는 자녀

> 내가 그리스도와 그 부활의 권능과 그 고난에 참여함을 알고자 하여 그의 죽으심을 본받아 어떻게 해서든지 죽은 자 가운데서 부활에 이르려 하노니 ♦ 빌 3:10~11

하나님 아버지
자녀의 온 삶이 그리스도와 그 부활의 권능과
그 고난에 참여함을 아는 자가 되게 하소서.

예수님의 죽으심을 본받아 어질고 진실하게 살며
성전에 들어갈 때마다, 주의 제단에 가까이 갈 때마다
주님의 보혈로 씻으며 죄를 용서받고
하나님을 경외하게 하소서.

악을 피하는 자로 살아
행위가 하나님을 기쁘시게 하게 하소서.

이 세상 속에서 금보다 지혜를 구하고,
은보다 통찰력을 얻는 자로 살게 하소서.

악을 피하는 것이 정직한 사람의
넓은 길로 가는 길임을 알게 하시고
그 길을 지키는 사람이 되어 그 영혼이
죽은 자 가운데서 부활에 이르게 하소서.

예수님의 이름으로 기도합니다. 아멘

2일 하나님을 깊이 아는 자녀

> 천사가 대답하여 이르되 성령이 네게 임하시고 지극히 높으신 이의 능력이 너를 덮으시리니 이러므로 나실 바 거룩한 이는 하나님의 아들이라 일컬어지리라 . 눅 1:35

하나님 아버지
우리 자녀가

항상 하나님께 말하며 주님의 존귀를 알게 하소서.
주께 드릴 것은 몸밖에 없음을 고백하며
인애와 성실함으로 살게 하소서.

주님께서 불러주시고 말씀하여 주시고
그가 대답하게 하소서.
그의 죄악이 많을지라도
자신의 허물과 죄를 알고 돌이키게 하소서.

그가 하는 모든 일에 주를 아는 지식이 풍족하여
그리스도의 증거가 견고한 자녀 되게 하소서.

성령님 임하시어 모든 은사에 부족함이 없게 하시고
우리 주 예수 그리스도의 나타나심을
기다리는 자로 살게 하소서.

그리스도의 날에 책망할 것이 없는 자로 끝까지
견고한 자로 서도록 우리 주와 늘 교제하게 하소서.

예수님의 이름으로 기도합니다. 아멘

3. 자녀의 형통을 위한 어머니의 기도

3일 만유의 근원을 아는 자녀

태초부터 있는 생명의 말씀에 관하여는 우리가 들은 바요
눈으로 본 바요 자세히 보고 우리의 손으로 만진 바라 요일 1:1

하나님 아버지
우리 자녀가

주께 감사하고 감사함으로
주의 이름을 가까이 부르게 하소서.
생명의 말씀을
늘 듣고, 눈으로 보고, 손으로 만지는 자 되어
주의 기이한 일들을 전파하는 삶 되게 하소서.

그의 삶이 견딜 수 있다면
불과 같은 말씀을 통해 깨끗하게 되고
불에 견디지 못할 모든 것은
물과 같은 말씀으로 씻어주소서.

태초부터 있는
생명의 말씀을 통해 바르게 경고와 심판을 받고
주의 돌보심으로
세상을 이기는 부요한 삶을 살게 하소서.

만유의 근원되신 여호와 앞에 사는 자가 되어
말씀이 배불리 먹을 양식이 되고
말씀이 잘 입을 옷감이 되게 하소서.

예수님의 이름으로 기도합니다. 아멘

4일 하나님의 성을 바라보는 자녀

이는 그가 하나님이 계획하시고 지으실 터가 있는 성을 바랐음이라
. 히 11:10

하나님 아버지
우리 자녀가

심히 아름다운 땅, 하나님의 성에
눈을 고정하게 하소서.
자녀를 기뻐하시어 그곳으로 인도하여 주시고
그 땅을 주소서.

젖과 꿀이 흐르는 그 땅에서
해 돋는 데서부터 지는 데까지
감사로 하나님께 제사를 드리게 하시고
환난 날에도 주님을 불러 건짐 받아
하나님을 영화롭게 하게 하소서.

낮에는 구름과 연기를,
밤에는 불꽃과 밝은 빛을 만들어 주시고
모든 영광 위에 펼쳐진 덮개가 되시어
거대한 보호의 임재 가운데 살게 하소서.

일평생 주의 전이 한낮의 더위를 피할 그늘이 되어
주시고 폭풍과 비를 피할 피난처가 돼 주소서.

예수님의 이름으로 기도합니다. 아멘

3. 자녀의 형통을 위한 어머니의 기도

5일
나쁜 것뿐만 아니라
좋은 것도 버릴 수 있는 자녀

그러나 무엇이든지 내게 유익하던 것을
내가 그리스도를 위하여 다 해로 여길뿐더러 • 빌 3:7

하나님 아버지
우리 자녀가

그리스도를 위한 것이 아니라면 그것이 아무리 좋은
것일지라도 모든 것을 해로 여기게 하소서.
거룩과 속됨을 구별하고 헛된 것을 위해
몸부림치지 않게 하소서.

우리를 가르치시는 분의 생각을
우리의 헛된 생각으로 바꾸지 않고
사람의 생각을 아시고 그런 생각들이
얼마나 헛된지도 다 아시는 주님의 훈계를 받고
주님의 법의 가르침을 받는 사람이 되게 하소서.

주님으로 인해 고통스런 나날에서 벗어나게 하시고
평안하게 하소서.

예수님의 이름으로 기도합니다. 아멘

6일 상을 좇는 자녀

> 푯대를 향하여 그리스도 예수 안에서
> 하나님이 위에서 부르신 부름의 상을 위하여 달려가노라 ● 빌 3:14

하나님 아버지
우리 자녀가

주님의 통치를 받고 살게 하소서.
주님의 말씀에 순종해 그 말씀에 따라
부르신 부름의 상을 위하여 달려가게 하소서.

주님께서 설계하신대로 푯대를 향하게 하시고
푯대를 향하며 마음이 복잡할 때
모른 척하지 않으시고
결코 버리지 않으시는
당신의 사랑으로 그를 붙드소서.

내 주의 위로가 자녀의 영혼을 기쁘게 하소서.

예수님의 이름으로 기도합니다. 아멘

3. 자녀의 형통을 위한 어머니의 기도

7일   가장 고상한 것을 추구하는 자녀

또한 모든 것을 해로 여김은 내 주 그리스도 예수를 아는 지식이
가장 고상하기 때문이라 내가 그를 위하여 모든 것을 잃어버리고
배설물로 여김은 그리스도를 얻고   빌 3:8

하나님 아버지
우리 자녀가

세상이 주는 유익을 그리스도 때문에 해로 여기고
그리스도를 얻고 그 안에서 발견되게 하소서.

교만한 사람들과 악인들이 험악한 말을 쏟아 붓더라도
의를 따라가고 마음이 정직한 사람이 되어
주님을 따르게 하소서.

그리스도를 아는 가장 고상한 지식을 소유하며
우리의 시민권이 하늘에 있음을 믿으며
주 예수 그리스도를 기다리게 하소서.

우리의 천한 몸을
그분의 영광스러운 몸과 같은 형상으로 변화시켜 주실
하나님께로서 난 의를 가지게 하소서.

예수님의 이름으로 기도합니다. 아멘

8일 하나님을 중심에 둔 자녀

> 하나님이여 주는 하늘 위에 높이 들리시며 주의 영광이
> 온 세계 위에 높아지기를 원하나이다 . 시 57:5

하나님 아버지
우리 자녀가

주님께서 하늘 위까지 높임을 받으시기를 원하고
주의 영광이 온 땅 위에 있기를 소원하며
하나님을 높이게 하소서.

하나님께서 마음에 두신 일이 있다면
무엇이든 그대로 되기 원하며
자녀의 집에 대해 약속하신 말씀이
영원히 변하지 않음을 믿고
그의 집이 주 앞에 세워지기를
용기 있게 기도하게 하소서.

자녀의 집에 기꺼이 복을 주셔서
주 앞에서 영원히 지속되고
오직 자녀의 집이 주께서 내리시는 복으로
영원히 복을 받게 하소서.

예수님의 이름으로 기도합니다. 아멘

3. 자녀의 형통을 위한 어머니의 기도

9일 낮아지는 자녀

> 사람의 모양으로 나타나사 자기를 낮추시고 죽기까지 복종하셨으니 곧 십자가에 죽으심이라 • 빌 2:8

하나님 아버지
우리 자녀가

하나님께서 행하신 일로 기뻐하게 하시고
주의 손이 행하신 일로 말미암아 높이 외치게 하소서.

매일 주님의 정직하심과 바위 되심과
주님께는 불의가 없음을 선포하며
주님께서 행하신 일이 크심을 깊이 생각하게 하소서.

세상을 따르지 않으며 하나님의 말씀과 법도를 지키고
하나님의 명령을 따라 죽기까지 복종하며 살게 하소서.

자기를 낮추며 주의 생각이 깊으심을 깨닫고
주님께서 데려가시는 그곳이 낮아지는 곳이든
십자가를 지는 곳이든
그곳이 지극히 거룩한 곳임을 깨닫게 하소서.
그리하여 자녀의 일평생에 결실이 맺히게 하소서.

예수님의 이름으로 기도합니다. 아멘

10일 겸손한 자녀

> 그러므로 하나님의 능하신 손 아래에서 겸손하라
> 때가 되면 너희를 높이시리라 . 벧전 5:6

하나님 아버지
우리 자녀가

교회와 가정, 사회생활 가운데
성소의 일을 관리하는 사람이 되고
하나님의 일을 관리하는 사람이 되게 하소서.

군림하는 자세로 하지 말고
오직 모범이 되게 하소서.
공의를 알고 행하며
선한 것을 사랑하고 악한 것을 미워하게 하소서.

예수님의 이름으로 기도합니다. 아멘

11일 하나님을 존중하는 자녀

나를 존중히 여기는 자를 내가 존중히 여기고
나를 멸시하는 자를 내가 경멸하리라 ◆ 삼상 2:30하

하나님 아버지
우리 자녀가

그의 행위에 따라 갚아 주실
하나님을 존중하게 하소서.
자기 이익만 추구하고
진리에 순종하지 않는 어리석음이나
불의를 따르는 일이 없이
올바르게 행동하고 의를 행하며
마음으로 진실을 말하고
여호와를 나의 재산이며
내가 마실 잔으로 알게 하소서.

주께서 주시는 몫을 내게 주신 아름다운 선물로 알고
"정말 좋은 내 몫으로 받았다" 고백하게 하소서.

여호와를 항상 그 앞에 모셔 둠으로
마음이 기쁘고 몸도 안전하게 하소서.

예수님의 이름으로 기도합니다. 아멘

12일 하나님을 높이는 자녀

> 하나님께서 어느 때에 천사 중 누구에게 너는 내 아들이라
> 오늘 내가 너를 낳았다 하셨으며 또 다시 나는 그에게 아버지가 되고
> 그는 내게 아들이 되리라 하셨느냐 . 히 1:5

하나님 아버지
우리 자녀가

하나님으로 인해 즐거워하며 그분 안에서 기뻐하는,
노래들 가운데 가장 아름다운 노래를 부르게 하소서.

여호와를 신뢰하고 선을 행하는 자로 살며
악을 행하는 사람들 때문에 초조해하지 말며
죄악을 행하는 사람들을 부러워하지 말게 하소서.

길을 여호와께 맡기고 신뢰하여
주님이 이루어 주실 것을 믿게 하소서.
의를 사랑하고 불법을 미워하시는 주를 믿으며
잠잠히 참고 기다리게 하소서.

악한 짓을 하는 사람들이 일이 잘 돼 가더라도
초조해하지 말고 그것들이 부서질지라도
주께서는 영원히 계실 것이니
기쁨의 기름을 부어주시고
높이 뛰어나게 하실 주님만 높이게 하소서.

예수님의 이름으로 기도합니다. 아멘

3. 자녀의 형통을 위한 어머니의 기도

13일 하나님의 날을 따라 사는 자녀

> 네 문빗장은 철과 놋이 될 것이니 네가 사는 날을 따라서
> 능력이 있으리로다 . 신 33:25

하나님 아버지
우리 자녀가

주의 말씀을 지키지 않는 험한 세상 속에서
주의 자비로 주의 법을 따라 살게 하소서.

이유 없는 괴롭힘이 많을지라도
주의 교훈에서 떠나지 않게 하소서.

주의 교훈이 강철 같은 힘이 되어 주시어
해도 달도 비췰 필요 없는
여호와께서 영원한 빛이 되시고
영광이 되어 주소서.

자녀가 주님의 능력을 따라 올바르게 살아
주께서 심은 싹이 되고
주의 영광을 드러내기 위해 주님의 손으로 만든
작품이 되게 하소서.

예수님의 이름으로 기도합니다. 아멘

14일 거룩하고 흠 없는 자녀

곧 창세 전에 그리스도 안에서 우리를 택하사
우리로 사랑 안에서 그 앞에 거룩하고 흠이 없게 하시려고 _엡 1:4_

하나님 아버지
우리 자녀가

거저 주신 하나님 은혜의 영광을
찬미하며 살게 하소서.

악을 너무나도 싫어하고 입은 진리를 말하게 하소서.
그 입술이 뛰어난 것을 말하고
그 입술을 열어 옳은 것을 말하게 하소서.

주님의 자녀다운 입으로
모든 말이 다 의로워
비뚤어지거나 잘못된 것은 하나도 없어
알아듣는 사람에게는 아주 분명한 말이요,
지식을 찾는 사람들에게는 옳은 말이 되게 하소서.

예수님의 이름으로 기도합니다. 아멘

15일 생명적 관계를 맺는 자녀

나는 포도나무요 너희는 가지라 그가 내 안에, 내가 그 안에 거하면
사람이 열매를 많이 맺나니 나를 떠나서는 너희가
아무 것도 할 수 없음이라 . 요 15:5

하나님 아버지
우리 자녀가

평생토록 주님과의 관계 속에 살게 하소서.
청색, 홍색 실과 고운 베실로 엮인 휘장처럼
주님의 은혜로 삶이 수놓아지게 하소서.

열매 있는 말을 하는 사람이 되어
좋은 것으로 배부르고 손이 수고한 만큼
보상을 받는 자가 되게 하소서.

하나님의 자녀로서
음행과 온갖 더러운 것과 탐욕의 말은
입 밖에도 내지 않으며
더러운 말과 어리석은 말과 희롱의 말은
자녀에게 어울리지 않음을 알게 하소서.

오직 어떻게 행할 것인지 주의 깊게 살피며
어리석은 사람들같이 살지 말고
지혜로운 사람들같이 살게 하소서.

예수님의 이름으로 기도합니다. 아멘

16일 하나님을 사랑하는 자녀

그러나 너를 책망할 것이 있나니 너의 처음 사랑을 버렸느니라
- 계 2:4

하나님 아버지
우리 자녀가

주님께 책망받을 때,
여호와의 말씀에 순종해 돌아서며
여호와 하나님을 찾기로
마음을 정한 사람이 되게 하소서.

세상적으로 든든해지고 힘이 강해질 때
하나님의 법을 버리지 않고
하나님의 이름을 의지하게 하소서.

늘 하나님을 섬기는 것과 세상을 섬기는 것이
어떻게 다른지 알게 하소서.

겸손하고 가난한 마음으로
하나님의 이름을 부르고
순결한 말을 하며 그분을
섬기게 하소서.

예수님의 이름으로 기도합니다. 아멘

3. 자녀의 형통을 위한 어머니의 기도

17일 하나님을 크게 보는 자녀

그러나 주를 찾는 사람들은 모두 주 안에서 즐거워하며
기뻐하게 하소서. 주의 구원을 사랑하는 사람들이
"여호와는 높임을 받으소서!"하고 끊임없이 말하게 하소서
- 시 40:16

하나님 아버지
우리 자녀가

하나님께서 주시는 힘을 가지고
어려움 속에서도 하나님을 크게 보며
일어서게 하소서.

영혼이 병들었을 때, 불쌍히 여기시고
그 영혼을 고쳐 주소서.
그가 주께 죄를 지었음을 자백하고
정결하지 못한 것을 토해내게 하소서.

하나님의 지혜로 복되게 하시고
자신의 몸으로 하나님께 영광을 돌리며
주와 연합하는 사람으로
주와 하나가 되게 하소서.

예수님의 이름으로 기도합니다. 아멘

18일 하나님의 원칙에 충실한 자녀

뭇 사람을 공경하며 형제를 사랑하며
하나님을 두려워하며 왕을 존대하라 • 벧전 2:17

하나님 아버지
우리 자녀가

뭇 사람을 공경하며 형제를 사랑하며
하나님을 두려워하며
통치자를 존대하는 자가 되게 하소서.

하나님의 영이 뭇 사람 위에 있기 때문에
멍에가 풀어지고 어깨에 지운 짐이 벗겨지며
극빈자들이 배불리 먹고 빈곤한 사람들이
편안히 몸을 눕게 됨을 알게 하소서.

사람들을 공의롭게 심판하시고
땅 위의 민족들을 통치하시는 하나님께서
우리 목숨을 보존해 주시고
우리 발이 미끄러지지 않게 해 주심을 믿으며
땅의 모든 끝도 그분을 두려워해야 함을 깨닫는
하나님을 아는 자가 되게 하소서.

예수님의 이름으로 기도합니다. 아멘

3. 자녀의 형통을 위한 어머니의 기도

19일 단순한 삶을 사는 자녀

이르시기를 너희는 가만히 있어 내가 하나님 됨을 알지어다
내가 뭇 나라 중에서 높임을 받으리라 내가 세계 중에서
높임을 받으리라 하시도다 ◦ 시 46:10

하나님 아버지
우리 자녀가

온 땅을 다스리시는 위대한 왕이신
하나님을 알게 하소서.
분주하지 않은 단순한 삶 안에서
주신 명령대로 길을 나서고 움직이게 하소서.

하나님이 그를 기억하시고 하나님 됨을 알게 하소서.
주의 법을 그의 생각 속에 넣어 주소서.
주의 법을 그가 마음에 새겨
주는 그의 하나님이 되시고
그는 주님의 백성이 되게 하소서.

이를 위해 잠잠히 주께 귀 기울이는 생활을 하며
이를 통해 낮은 사람으로부터
높은 사람에 이르기까지
모두 하나님을 알게 하소서.

예수님의 이름으로 기도합니다. 아멘

20일 모든 삶을 존중하는 자녀

인류의 모든 족속을 한 혈통으로 만드사 온 땅에 살게 하시고
그들의 연대를 정하시며 거주의 경계를 한정하셨으니 . 행 17:26

하나님 아버지
우리 자녀가

사람됨이 충직하고 많은 사람들보다
하나님을 더 경외하는 사람이 되게 하소서.

주의 은총을 입어
여호와의 길을 지켜 의와 공의를
실천하는 자 되게 하소서.

비록 먼지와 재 같은 존재일지라도
예수님으로 인해 해처럼 빛나고
빛처럼 새하얗게 될
사람들의 모습을 보게 하소서.

주님께서 정하신 시간과 공간 속에서
마주치는 사람을 위해
몹시 고통 받고 있는 세상을 위해
그들을 실족하지 않게 세우는 삶을
살게 하소서.

예수님의 이름으로 기도합니다. 아멘

3. 자녀의 형통을 위한 어머니의 기도

21일 성령의 불을 가진 자녀

> 육신을 따르는 자는 육신의 일을,
> 영을 따르는 자는 영의 일을 생각하나니 • 롬 8:5

하나님 아버지
우리 자녀에게

능력으로 임하여 주소서.
성령을 따라 전혀 다른 새 사람으로 변하여
하나님이 인도하시는 대로 따라 행하게 하소서.

하나님이 자녀와 함께하시어
자녀에게 새 마음을 주소서

자녀에게 기름을 부어주시고
그의 잔이 넘쳐 평생에 선하심과
한결같은 사랑으로 함께하소서.

마음에 헛된 생각을 품지 않으며
깨끗한 손과 순결한 마음을 가진 자로
하나님의 집에서 영원히 살게 하소서.

예수님의 이름으로 기도합니다. 아멘

22일 말씀에 잠긴 자녀

> 곧 한 번 비침을 받고 하늘의 은사도 맛보고 성령님과 함께하고
> 하나님의 선한 말씀과 오는 세상의 능력을 맛보고도 타락한 사람들은
> 회개에 이르도록 다시 새롭게 할 수 없습니다. ▪ 히 6:4~6

하나님 아버지
우리 자녀가

하나하나 모두 짝을 이루어
그 가운데 홀로된 것이 없는
하나님의 선한 말씀으로
정결해지게 하소서.

말씀을 통해 우리가 우리 적들을 물리칠 수 있고
주의 이름을 통해 우리를 타락하게 하는 죄를
짓밟을 것임을 알게 하소서.

활도, 칼도 믿지 않게 하소서.
그것이 승리를 안겨주지 못함을 알고
오직 하나뿐인 온전한 사랑이신
하나님만 의지하게 하소서.

그리하여 하루 종일 하나님만 자랑하며
우리를 도와주시는 주의 변함없는
사랑 때문에 주의 이름을 영원히 찬양하게 하소서.

예수님의 이름으로 기도합니다. 아멘

3. 자녀의 형통을 위한 어머니의 기도

23일 경쟁하지 않고 연합하는 자녀

보라 형제가 연합하여 동거함이 어찌 그리 선하고 아름다운고
시 133:1

하나님 아버지
우리 자녀가

형제가 연합하여 동거하는
선하고 아름다운 일을 행하게 하소서.

늑대와 어린 양이 함께 풀을 뜯고
사자가 소처럼 짚단을 먹음 같이
거룩한 산 어디서나
서로 해치거나 죽이는 일이 없게 살게 하소서.

서로를 용납하여 이전 일은 기억나지 않고
마음에 떠오르지도 않게 하소서.

하늘과 땅을 지으신 하나님께서
형제가 연합한 그 땅에 복을 주시어
그곳이 기쁨의 땅이 되고
그 백성이 즐거움의 백성이 되게 하소서.

예수님의 이름으로 기도합니다. 아멘

24일 형제애를 존중하는 자녀

> 그 때에 여호와를 경외하는 자들이 피차에 말하매 여호와께서 그것을 분명히 들으시고 여호와를 경외하는 자와 그 이름을 존중히 여기는 자를 위하여 여호와 앞에 있는 기념책에 기록하셨느니라 . 말 3:16

하나님 아버지
우리 자녀가

"하나님을 섬기는 것은 헛되다"고 말하는
완악한 무리들과 구별되게 하소서.

하나님을 경외함으로
연약한 자와 소외된 자를
형제로 섬기는 주의 백성 되게 하소서.

불안과 불확실 속에 방황하는 지체들에게
막달라 마리아처럼 달려가
사랑과 확신으로
"내가 주를 보았다"고 피차 말하며
참된 형제사랑을 나누는 자가 되게 하소서.

예수님의 이름으로 기도합니다. 아멘

3. 자녀의 형통을 위한 어머니의 기도

25일 진리를 위해 싸우는 자녀

> 시몬 베드로가 이를 보고 예수의 무릎 아래에 엎드려 이르되 주여 나를 떠나소서 나는 죄인이로소이다 하니 · 눅 5:8

하나님 아버지
우리 자녀가

쉬운 길로 가기보다 옳은 길로 가게 하소서.
죄인을 불러 회개케 하기 위하여
의인으로서 불의를 당하신 주님처럼
의를 행하다가 때로 불의를 당하더라도
대속자 하나님이 살아 계심을 기억하며
인내로 진리를 위해 싸우는 자 되게 하소서.

빛 가운데 육신의 죄가 드러날 때
도망하고 부인하기보다
성령의 전을 거룩하게 하시는 주님 앞에
겸손히 무릎 꿇어 자신을 내어 맡기고
진리이신 예수님을 환영하며
주와 함께 동행하게 하소서.

예수님의 이름으로 기도합니다. 아멘

26일 하나님의 임재를 믿는 자녀

오순절 날이 이미 이르매 그들이 다같이 한 곳에 모였더니 . 행 2:1

하나님 아버지
우리 자녀가

하나님의 임재를 사모함으로
항상 거룩한 곳으로 나아가기를 힘쓰게 하소서.

세상의 즐거움과 쾌락보다
경건한 교제와 기도의 자리를 즐기며
날마다 말씀을 먹고 생명으로 자라게 하소서.

아침마다 새롭게 임하시는 주의 은혜를
믿음으로 맛보게 하옵소서.

이 세상 어떤 권력이나 명예보다도
천지만물의 주관자 앞에,
가장 좋은 보배합을 드리는 예배자로 살게 하소서.

예수님의 이름으로 기도합니다. 아멘

27일 용서를 구하는 자녀

> 한 사람이나 혹 주의 온 백성 이스라엘이 다 각각 자기의 마음에 재앙을 깨닫고 이 성전을 향하여 손을 펴고 무슨 기도나 무슨 간구를 하거든 주는 계신 곳 하늘에서 들으시고 사하시며 • 왕상 8:38~39상

하나님 아버지
우리 자녀가

주는 각 사람의 마음과 모든 행위를
감찰하시고 아는 분이심을
늘 기억하게 하소서.

빛에 속한 자녀로서
더러운 말은 입에 담지 말고 감사의 입술을 가지며
분별없이 행하는 어리석은 자가 되지 않게 하소서.

혹 하나님의 법을 저버려
징계의 막대기로 맞을 때에는
참마음으로 뉘우치고 속히 돌아오게 하소서.

징계 중에라도
그의 사랑만은 거두지 않으시며
그의 성실함을 지키시는 여호와께
용서를 구하고 돌이키고 돌이키게 하소서.

예수님의 이름으로 기도합니다. 아멘

28일 신앙의 집을 짓는 자녀

때가 오래 되었으므로 너희가 마땅히 선생이 되었을 터인데 너희가 다시 하나님의 말씀의 초보에 대하여 누구에게서 가르침을 받아야 할 처지이니 단단한 음식은 못 먹고 젖이나 먹어야 할 자가 되었도다
. 히 5:12

하나님 아버지
우리 자녀가

그 키와 지혜가 자라가며
하나님과 사람 앞에 더 사랑스러운 자로
세워지게 하옵소서.

고난과 어려움이 올 때
낙심하고 불안해하던 어린 아이의 습관을 버리고
하나님께 소망을 두고 일어서는 자 되게 하소서.

"네 하나님이 어디 있냐?"고 조롱하는 세상에서
하나님을 만나는 회막으로 담대히 들어가
자신과 타인의 죄를 고하게 하소서.

때론 눈물로 때론 큰 소리로 부르짖음으로
주님께 묻고 듣고 온전히 순종함으로
반석 위에 집을 짓는 구별된 자녀로 살게 하소서.

예수님의 이름으로 기도합니다. 아멘

3. 자녀의 형통을 위한 어머니의 기도

29일 완전한 데 나아가는 자녀

> 그러므로 우리가 그리스도의 도의 초보를 버리고 죽은 행실을 회개함과 하나님께 대한 신앙과 침례들과 안수와 죽은 자의 부활과 영원한 심판에 관한 교훈의 터를 다시 닦지 말고 완전한 데로 나아갈지니라 _히 6:1~2_

하나님 아버지
우리 자녀가

하나님의 것으로 구별된 레위인처럼
날마다 정결하게 자신의 죄의 옷을 빨며
거룩한 그리스도로 옷 입고
완전한 데로 더욱 나아가게 하소서.

오래참음으로 이삭을 얻은 아브라함처럼
약속하신 분을 신뢰하고
사랑의 씨를 계속 뿌림으로
하나님의 약속을 기업으로 받는 자 되게 하소서.

이 땅에서의 승리는
우리의 능력도 배경도 아닌
오직 주께로부터 옴을 믿게 하시고
하나님 이름만 자랑하는 자가 되게 하소서.

예수님의 이름으로 기도합니다. 아멘

30일 기도하는 자녀

> 그러므로 우리는 긍휼하심을 받고 때를 따라 돕는 은혜를 얻기 위하여 은혜의 보좌 앞에 담대히 나아갈 것이니라. 히 4:16

하나님 아버지
우리 자녀가

기가 막힐 웅덩이와 수렁을 만날 때
나를 끌어 올리시고 반석 위에 세우시는
하늘 아버지가 계심을 기억하게 하소서.

가난하고 힘이 없는 자의 부르짖음을
긍휼히 여기시는 은혜의 보좌 앞에
지체하지 말고 달려오게 하소서.

그곳으로 나올 때마다
때를 따라 돕는 아버지의 자비와 은혜로
채움 받아 살아나게 하소서.

예수님의 이름으로 기도합니다. 아멘

3. 자녀의 형통을 위한 어머니의 기도

31일   시온의 대로가 있는 자녀

주께 힘을 얻고 그 마음에 시온의 대로가 있는 자는 복이 있도다
시 84:5

하나님 아버지
우리 자녀가

주님이 계신 시온을 향하여
마음의 길을 정한
행복자로 살아가게 하소서.

험난한 길과 마주칠 때
애굽의 힘과 화려함을
따라가지도 의지하지도 말게 하시고

무엇을 하든 주의 뜻을 구하며
주께로부터 힘을 얻어
눈물 골짜기에서도 샘물을 마시게 하소서.

언제 어디서나 주께서 거하시기 편한 질그릇 되어
그들의 삶이 주께서 거니시는 길이 되는
시온의 대로(大路), 복된 인생이 되게 하소서.

예수님의 이름으로 기도합니다. 아멘

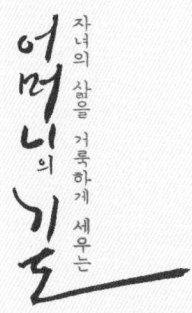

2018년 8월 1일·제2판 1쇄 발행
2024년 4월 26일·제2판 2쇄 발행

지은이 백순실·최남연
펴낸이 김용성
펴낸곳 요단출판사
　　　07238 서울특별시 영등포구 국회대로 76길 10

기　획 (02)2643-9155
보　급 (02)2643-7290　Fax (02)2643-1877
등　록 1973. 8. 23. 제13-10호

ⓒ 요단출판사 2018

값 6,500원
ISBN 978-89-350-1686-0　03230

이 책의 저작권은 요단출판사가 소유하고 있습니다.
출판사의 사전 승인 없이 책의 내용이나 표지 등을 복제, 인용할 수 없습니다.